Dedicato a Liliana Mora

insegnante e formatrice montessoriana,
maestra indimenticabile, in memoriam.

INDICE

Questa pagina è lasciata intenzionalmente in bianco.

PREFAZIONE

Era il 1999 quando discutevo la tesi di laurea del vecchio ordinamento all'Università Cattolica del Sacro Cuore di Milano. Avevo scelto un argomento in cui l'informatizzazione, oggi diremmo digitalizzazione, in quegli anni ai suoi inizi fuori dai territori degli addetti ai lavori, era protagonista.

Informatizzazione e Letteratura italiana contemporanea, che era la disciplina nella quale mi stavo specializzando, mio malgrado. Il progetto di database, di mia invenzione e costruzione con query e campi di risposta, aveva convinto il mio professore a concedermi di lavorare dentro quel mondo allora ancora poco conosciuto anche fra gli accademici, quello dei computer e dei programmi applicati a un argomento culturale. La tesi fu un successo.

Nel 2000 entrai alla Scuola di Specializzazione in Analisi e Gestione della Comunicazione nella stessa università, e seguii il primo "Corso di alta formazione in produzione musicale per la discografia e per i new media". Anche questo, come la mia tesi, fu un argomento all'avanguardia, tant' è che l'anno successivo lo stesso corso divenne un master molto quotato per le occasioni che offriva di stage e di lavoro con le grandi aziende del settore dell'intrattenimento e il contatto diretto con gli artisti.

In questo corso di specializzazione affrontai insieme ai miei compagni tutte le problematiche relative all'introduzione delle tecnologie digitali nella realizzazione di programmi radiofonici, televisivi e in Rete e della diffusione in essa della musica e, più in generale, di contenuti sonori, per mezzo della tecnologia MP3, altamente ostacolata dalle case discografiche ma che già cominciava ad avere un forte impatto sociale.

L'anno successivo, il 2001, entrai come stagista alla RAI, dapprima la televisione e poi la radio, per lavorarci undici bellissimi anni: Radio 2, Radio 3 e anche un breve e interessante incarico nell'ammiraglia Radio 1. Fui tra le prime a imparare a usare NETIA, il software introdotto a Radio RAI proprio nell'anno 2000 per la registrazione, il montaggio e l'archiviazione del materiale audio in un'ottica di produzione collettiva. Molti colleghi di allora si lamentarono di questa interferenza della tecnologia nel loro lavoro quotidiano, erano infatti abituati a registrare, tagliare e montare i contenuti analogici con i mitici AMPEX, e NETIA non era proprio ben visto. Grazie ad alcuni lavori particolarmente ben riusciti, ottenni varie collaborazione anche con la Radio Svizzera Italiana, in particolare con RSI 2, la rete culturale. Per ottemperare a ciò che mi chiedevano come professionista, non come interna, dovetti acquistare e imparare a usare programmi di editing audio, lavorando sia in ambiente Windows che MAC, e più tardi Linux. Editavo gli inserti audio, che come inviata speciale registravo con macchine digitali (dapprima il Minidisc Sony e poi i registratori wave e MP3 Olympus e Tascam), alla scrivania di casa e li consegnavo alla redazione svizzera via Internet, in collegamento ftp quando ancora l'ADSL non era disponibile e alla fibra ottica nemmeno si pensava. Ma già allora, agli albori, le scoperte in ambito digitale si susseguivano in modo così veloce, hardware e software sempre più raffinati, che era davvero difficile stare al passo.

Dopo la RAI sono diventata giornalista pubblicista, in questa esperienza metto anche i vari incarichi come Ufficio stampa e Pubbliche relazioni per le quali ho approfondito l'uso dei Social e dell'organizzazione e della divulgazione di eventi culturali con un appropriato uso di programmi di posta elettronica professionali e per la creazione di newsletter aziendali. Sono diventata anche caporedattore, mi sono specializzata in programmi di impaginazione, editing foto e scrittura in ambiente Apple, privilegiato dalle case editrici per l'alta performance grafica. Ho approfondito la scrittura pensata per il Web che è differente da quella per la carta stampata; ho anche dovuto imparare in tutta fretta a esercitarmi in MOJO - MObile JOurnalism, con appositi programmi audiovideo disponibili per lo smartphone, per essere in grado di inviare foto e videonotizie in tempo reale e non perdere eventuali proposte di lavoro.

La tecnologia digitale mi ha sempre incuriosito, molto spesso mi ha entusiasmato. Appartengo alla "generazione di mezzo" per la quale il mondo si divide davvero in due parti, prima e dopo il computer, e per due volte, perché per il computer c'è il prima e dopo Internet, e nel tempo ne ho scoperto e apprezzato le possibilità e le potenzialità.

Questi ultimi sette anni come insegnante alla Scuola Primaria mi hanno permesso di osservare altri aspetti dell'introduzione degli strumenti digitali negli insegnamenti ai bambini tra i 5 e gli 11 anni, potendo valutare con cognizione di causa quanto qui siano inutili e nocivi.

Durante i tanti montaggi audio realizzati per Radio RAI, dovevo spesso inserire degli inserti musicali su tracce audio di parlato, lo facevo con entusiasmo, pochi click e il gioco era fatto, la musica dava uno spessore del tutto nuovo e sorprendente alle cose dette. Un giorno un mio collega, mi disse "Ma non senti la differenza? Il file MP3 che hai appena inserito è un file compresso, il programma elimina delle caratteristiche del suono, meno alti e meno bassi, meno strumenti musicali in primo piano, per essere più fluido e meno pesante. Non te ne accorgi?"

Ci mettemmo ad ascoltare lo stesso brano con gli strumenti di riproduzione analogici, datati ma insuperati, ancora presenti negli studi RAI, e poi col computer la traccia che avevo appena inserito. Era vero! Il brano compresso si sentiva nitidamente ma risultava piatto e senz'anima. Per accorgermene avevo dovuto fare il confronto.

Oggi ci siamo abituati tutti ad ascoltare musica compressa, Spotify, Youtube…, ci emoziona di meno ma forse non ce ne accorgiamo neppure, un po' per abitudine un po' per mancanza di paragoni. Chi ha possibilità economiche può comperare i nuovi "vecchi LP" in una veste ormai elitaria e ascoltarli su impianti analogici, a valvole o a transistor, preziosi e costosi. Chi può scegliere lo fa.

Ma i bambini di oggi, uomini e donne di domani? Li costringiamo a compattare il tempo dell'apprendimento e della crescita in ritmi serrati scegliendo per loro applicazioni e dispositivi, riduciamo fino farli diventare apparizioni occasionali e non consuete i laboratori sensoriali, atrofizzando la mano a cui Montessori, e la Storia, hanno dato il primato come strumento della conoscenza e di sviluppo, accentuiamo la performance indotta dalla macchina e mettiamo in ombra la qualità e il senso del piccolo passo.

Dobbiamo proprio fare questi esperimenti sulla loro pelle per scoprire tra qualche anno che il loro modo di comprendere la realtà, il loro modo di emozionarsi, il loro modo di studiare e di crescere è diventato "piatto e senz'anima"?

BAMBINI SENZA IL DIGITALE!

La scuola è in piena transizione digitale, una scelta piovuta dall'alto come il fiume di denaro per finanziarla. Sarebbe interessante domandarsi dove cade la pioggia e dove va a finire il fiume, ma esula dallo scopo di questo scritto, e considerando che la transizione digitale è stata annunciata nel 2015 preferiamo mettere direttamente a confronto le reali risultanze nella scuola primaria di questa ondata di "didattica digitale" - peraltro scomposta perché priva di ascendenti pedagogici dichiarati - con un pensiero pedagogico concreto che rispecchia anche un limpido e indomito impegno a favore dei bambini, quello di Maria Montessori.

L'analisi delle pagine che seguono non si è soffermata tanto sulla parola "digitale", ormai onnipresente nella vita di tutti i giorni, quanto sulla parola "transizione", che pone interrogativi perché vuol dire "passaggio da uno stato a un altro, da un modo di essere a un altro".

Il sito del MIUR recita letteralmente: Il Piano Nazionale Scuola Digitale è un pilastro fondamentale de La Buona Scuola (legge 107/2015), una visione operativa che rispecchia la posizione del Governo rispetto alle più importanti sfide di innovazione del sistema pubblico: al centro di questa visione, vi sono l'innovazione del sistema scolastico e le opportunità dell'educazione digitale.

E mentre la digitalizzazione degli uffici pubblici, dei rapporti tra cittadino e istituzioni può avere il senso di adeguare il Paese a standard internazionali, di snellire le procedure amministrative, di far diminuire gli archivi cartacei e ampliare l'accesso ai servizi, nella Scuola primaria le ricadute sono diametralmente opposte[1].

Andando a leggere il Piano Nazionale Scuola Digitale, si apprende anche che tra gli obiettivi vi sono:
- Trasformare i laboratori scolastici in luoghi per l'incontro tra sapere e saper fare, ponendo al centro l'innovazione
- Passare da didattica unicamente "trasmissiva" a didattica attiva, promuovendo ambienti digitali flessibili
- Sostenere i docenti nel ruolo di facilitatori di

---

[1] Nell'anno scolastico 2023/2024 i bambini svedesi tornano a carta, penna e libri. Il ministro dell'Istruzione Carlotta Edholm ha agito sulla base di una ricerca che ha evidenziato come ci siano stati cali di apprendimento nei giovani alunni cresciuti con dispositivi digitali, introdotti ormai da anni nelle scuole. L'argomento può essere approfondito consultando vari articoli apparsi sui principali siti di informazione italiani e stranieri nel settembre 2023.

percorsi didattici innovativi, definendo con loro strategie didattiche per potenziare le competenze chiave.

Leggendo questi punti, si prova un certo imbarazzo, almeno tra docenti montessoriani, perché è Montessori stessa che ha fondato la sua pedagogia sul Saper fare, sull'Attività pratica fonte di sviluppo psicofisico e sull'idea che l'insegnante, lungi dal protagonismo di cattedra e facendo un passo indietro rispetto al bambino, lo lasci protagonista della sua formazione, aiutandolo solo se ciò gli viene richiesto. Siamo nei primi decenni del Novecento. Quindi viene da chiedersi: l'innovazione dov'è?

Fra tutte le scuole interessate dalla transizione digitale, la scuola primaria è la più delicata da coinvolgere, per la giovanissima età degli studenti e la vitale necessità di fornire loro basi di conoscenza solide, destinate a essere il plinto sui cui poggerà tutta la futura vita scolastica, lavorativa e civile. La cenerentola del sistema educativo (lo si capisce da un parametro di immediata comprensione: lo stipendio degli insegnanti) è in realtà la scuola che richiede il maggior numero di attenzioni, il personale più preparato, le strutture più all'avanguardia, perché quello che la scuola primaria non dà, molto difficilmente potrà essere recuperato dopo.

Maria Montessori apprezzava le nuove tecnologie,

era una scienziata e come tale amava le Scienze e la ricerca, ci sono testimonianze che le piacesse viaggiare in aereo, mandare e ricevere telegrammi durante i viaggi in piroscafo, che amasse il cinema. Era anche una visionaria, capace cioè di vedere ben oltre il presente, e mentre subiva il fascino delle invenzioni che avevano già rivoluzionato la società in cui viveva, il suo intuito geniale "vedeva" che col tempo quelle stesse l'avrebbero soggiogata.

«Il male di cui soffre la nostra epoca deriva da uno squilibrio dovuto alla differenza di ritmo evolutivo: la macchina si è sviluppata a ritmo accelerato, l'uomo è rimasto indietro. Così l'uomo vive alle dipendenze della macchina, mentre dovrebbe dominarla».

Nei suoi scritti viene anche trattato direttamente l'argomento dei *mechanical aids*: da una parte vi è la constatazione orgogliosa del progresso tecnico e dell'opportunità, grazie ad esso, di interconnettere la società mondiale e di farla diventare via via più solidale; dall'altra qualche diffidenza sul buon uso che l'uomo avrebbe potuto fare delle nuove tecnologie, e l'affermazione che per quanto possano essere d'aiuto agli insegnanti e suscitare interesse nei bambini, gli "ausili meccanici" non possono sostituire l'esperienza diretta in cui consiste l'apprendimento in sé.

«Vorrei però sottolineare che questi ausili

meccanici sono insufficienti per realizzare la totalità dell'educazione. I bambini non imparano e non sviluppano il loro carattere semplicemente ascoltando e guardando. I sussidi uditivi e visivi, quindi, anche se molto importanti, sono solo aiuti parziali. Il bambino impara attraverso la propria attività e, se gli viene data l'opportunità di imparare attivamente, sviluppa il suo carattere e la sua personalità. Il bambino perfeziona sé stesso assai di più con la mano che con i sensi».

La pedagogia, il pensiero e il metodo di Maria Montessori sono oggi più che mai attuali, e lo dimostrano - tra l'altro - varie metodologie che circolano nella scuola e che hanno tratto direttamente o indirettamente ispirazione dai suoi scritti, non centrandone però l'originaria grandezza.

L'Angolo del litigio, la Flipped classroom, la Grammatica valenziale, vi dicono qualcosa?

L'idea e la procedura dell'Angolo del litigio sono molto simili a quelle del "Tavolo della Pace" di Maria Montessori, il focus però è su litigio e non su Pace. Nel pensare al tavolo della Pace, infatti, Montessori offre ai bambini non solo uno strumento di rappacificazione con gli altri ma anche un luogo dove fare pace con sé stessi, infatti si raccomanda di lasciare che il bambino sieda anche da solo a questo tavolo a riflettere; non è tutto: in questo nome il bambino prende confidenza e conoscenza del valore dei tanti "tavoli della Pace" della Storia umana.

La "classe rovesciata", metodologia per mezzo della quale gli studenti in prima persona preparano i contenuti da presentare al resto della classe, contiene già in sé un significato scivoloso, perché rovescio è sempre qualcosa a testa in giù, qualcosa di precario e strano che va raddrizzato: Maria Montessori ha ideato la "Grande lezione" dove i bambini prendono l'iniziativa e studiano in autonomia diverse fonti, successivamente condividono con i compagni i risultati della ricerca venendo, non a "rovesciare" lo status quo, ma a prendere il posto che compete loro da sempre come insegnanti di sé stessi e inter pares.

Per quanto riguarda la grammatica valenziale basti qui osservare che l'insegnamento della struttura linguistica non può prescindere dall'individuazione del fulcro della frase, che è sempre il verbo, e che precisi materiali montessoriani la spiegano così da oltre un secolo.

Ma si potrebbe parlare anche di Debate, che "mette lo studente al centro del percorso formativo" o di Tinkering, che ripropone l'"imparare usando le mani", il Cooperative learning "per un apprendimento non competitivo", e via discorrendo.

Non è questa la sede per elencare le tante persone di successo che hanno fatto le Scuole Montessori e che lo dichiarano con orgoglio. Queste stesse persone, ormai ricche e famose - alcuni sono veri *big* di Internet, dell'e-commerce e dell'imprenditoria dei media - affermano di tenere i propri figli piccoli lontani da Internet e dai Social media, facendoli frequentare scuole nelle quali il Digitale della mera fruizione di contenuti preconfezionati non ha spazio, nemmeno marginale. Chissà se è solo un caso che le scuole d'élite tengano questo "nemico digitale" ben lontano e per le altre si stia tentando di farne la bandiera stanziando, grazie al PNRR, fondi di cui la scuola avrebbe gran bisogno ma su altre voci di spesa.

In concreto, qui verranno illustrati cinque cardini della pedagogia di Montessori, nella loro essenza condivisibili da tutti gli insegnanti, montessoriani e non: l'Ambiente è maestro, il Movimento è maestro, il Bambino è maestro: l'attenzione e il suo essere assorto, Insegnamento come relazione e infine un argomento che è sottotraccia a tutti questi: il percorso di Indipendenza e di Autonomia che il bambino compie e che deve essere inteso anche come indipendenza tecnologica. Sono riflessioni nate sul campo: il risultato di anni scolastici vissuti intensamente insegnando con il Metodo e senza, con bambini che hanno svolto gli anni della primaria senza o in poco contatto con dispositivi digitali, e con altri ai quali la didattica digitale è stata imposta fin dall'inizio della scuola.

Per maggior chiarezza a fine capitolo troverete uno specchietto che mette a diretto confronto i cinque fondamentali con i rispettivi equivalenti della scuola digitale, utile a mettervi subito nelle condizioni di fare un vostro ragionamento al di là di ciò che leggerete più avanti.

Queste considerazioni sono offerte a tutti, colleghi della primaria e non, montessoriani e non, genitori e non, ma anche ai bambini e alle persone che pur essendo esterne alla Scuola la tengono d'occhio. Tutti abbiamo la nostra esperienza di scuola, ma la scuola non interessa solo la scuola, la Scuola sta alla base della Democrazia e del nostro vivere; non bisognerebbe proprio lasciarla cadere dalle mani come un oggetto che, alla fine, non ci riguarda più. È necessario osservarla, monitorarla, scoprirne i punti deboli, lavorarci tutti anche indirettamente, tenendo sempre pulito il pensiero, e ricordare che la scuola italiana è sempre stata apprezzata all'estero per l'umanesimo che la pervade, anche nelle discipline scientifiche e tecniche, e che questo umanesimo deve essere preservato.

Scuola / Scuola Montessori	Scuola digitale
L'Ambiente è maestro, dall'Ambiente io assorbo e con esso interagisco modificandolo in continua dialettica	L'ambiente non insegna niente, è un golem senz'anima ma lascia il segno nella mia mente
Il Movimento è maestro, uso tutti i sensi e le mie facoltà psicomotorie, faccio quindi imparo	Non c'è possibilità di muoversi davanti a uno schermo
Il Bambino è maestro: ascolto la mia voce interiore, sono assorto quando trovo ciò che mi è necessario; sono calmo e sicuro di me, persevero nell'attenzione su ciò che sto compiendo	L'attenzione è passiva, viene catturata dal dispositivo e dai suoi contenuti; la velocità di fruizione stravolge e travolge i ritmi personali e, in generale, quelli riconosciuti all'età evolutiva
Insegnamento come relazione e insegnante come osservatore partecipe della crescita intellettiva, emotiva e morale del bambino	Insegnamento come mediazione e insegnante come fruitore e non più come creatore di contenuti
L'indipendenza, l'autonomia e la libertà sono all'origine e alla fine dell'educazione	Non conosciamo le macchine con cui abbiamo a che fare, dipendiamo dai tecnici

Questa pagina è lasciata intenzionalmente in bianco.

L'AMBIENTE È MAESTRO

L'Ambiente è Maestro. Per Maria Montessori l'ambiente della scuola è lo spazio dei bambini, che non va confuso con i più semplici concetti di sfondo e di scenario. L'Ambiente scolastico montessoriano è attivo, presente e protagonista dello sviluppo del bambino insieme al bambino, per questo deve essere preparato, organizzato con sapienza e predisposto scrupolosamente dagli insegnanti. Il bambino deve trovarvi il necessario per "fare da solo" e sviluppare tutte le sue potenzialità, scegliendo da sé stesso ciò di cui sente il bisogno; l'attrazione verso qualcosa, infatti, è il segno correlato oggettivo esterno delle sue necessità psichiche, intellettive e, più in generale, interiori.

Gli ambienti di scuola montessoriani sono organizzati intorno a tre nuclei fondamentali: bellezza e attrattiva, ordine e armonia, maneggevolezza ovvero essere a "portata di bambino"; questi criteri non sono in un ordine gerarchico di importanza ma ognuno come riverbero dell'altro, se uno zoppica o è mancante gli altri non si reggono, come tre amici che vogliano compiere una strada insieme l'uno abbracciato agli altri.

Il bambino qui dentro è Maestro e padrone di sé, chiede all'insegnante se ha bisogno, segue l'adulto nella misura in cui questi possa spiegargli una procedura o sciogliergli un dubbio, lo ricerca con fiducia perché gli può indicare quale strada intraprendere nella sua esplorazione, senza forzarlo. L'adulto indica strade, il bambino possiede la bussola. Il bambino prima, e l'adulto poi, esplorano l'ambiente per scoprire sé stessi.

Il nostro cervello è un organo plastico e si modifica con l'ambiente, Montessori aveva tratto queste conclusioni dalle sue osservazioni minuziose sui bambini, altri le hanno approfondite ulteriormente. Jakob von Uexküll nel suo saggio *Ambienti animali e ambienti umani* scrive: «Gli animali praticano ambienti, l'uomo pratica mondi». Il bambino deve potersi muovere in un ambiente che lo nutra, lo arricchisca, risponda ai suoi bisogni psichici e che, contemporaneamente, sia un ambiente duttile che interagisca con il bambino stesso.

Nell'interazione con il mondo, le cui finestre aperte sono i sensi, il bambino acquisisce non solo conoscenza e coscienza ma anche sicurezza di sé: da tutto ciò sarà in grado di costruire il suo Mondo che, insieme a quello degli altri Umani, costituisce il disegno cosmico di cui fa parte.

Per Maria Montessori infatti ogni bambino sente e

deve averne conferma a scuola, in famiglia e nella società a cui appartiene, di avere un compito suo proprio e unico e che da questa unicità discende e trascende la realizzazione non solo sua personale ma dell'Umanità tutta; per questo lo studio di discipline quali la Geografia, la Storia, le Scienze prendono il nome complessivo di Educazione Cosmica: il loro studio critico è atto direttamente a formare il piano cosmico personale con cui ognuno di noi partecipa al piano cosmico universale.

Che differenza c'è tra ambiente e mondo? Entrambi sono all'esterno di noi ed entrambi noi abitiamo. Ma, a guardare meglio, il Mondo è la personalizzazione di un ambiente.

Un bambino potrebbe dirci: l'ambiente dove vivo con i miei genitori è la nostra casa, ma dentro la nostra casa c'è la mia cameretta, questo è il mio Mondo. Qui ci sono le cose a me care, i miei poster, i miei libri e i miei giochi, le lenzuola hanno i miei colori o i miei disegni preferiti, tutto qui dentro mi parla di me. È anche uno spazio in cui mi sento libero (e protetto), dove posso sfogare le mie emozioni mettendo la musica a tutto volume, premendo la testa sul cuscino piangendo o guardarmi allo specchio interrogandolo.

Anche gli Animali personalizzano il loro ambiente con tane, dighe, nidi, tele, raccolte stagionali di cibo in una sorta di disegno perfetto dettato dalla

Natura e dal loro istinto. Gli animali sono perfettamente integrati nell'ambiente in cui sono nati, o almeno, lo sono gli Animali fortunati. L'uomo può modificare anch'egli l'ambiente, addirittura al punto da renderlo antropizzato, ovvero cambiando profondamente la vocazione naturale di uno spazio fino a un punto di non ritorno. C'è dialettica tra ambiente e uomo, l'uomo lo cambia e ne viene a sua volta cambiato, per cambiarlo ancora e ancora esserne cambiato. Gli Animali, il più delle volte vittime di questa dialettica, lo stanno a guardare. Abbiamo ancora presente le immagini davvero suggestive e commoventi di Animali che, durante l'epidemia di Covid-19 in cui l'umanità si era ritirata nelle proprie case, facevano capolino nelle strade asfaltate e vuote di New York o nelle calli silenziose di Venezia. Animali che venivano a curiosare Mondi che non gli appartengono più e che calcavano spazi che la personalizzazione dell'uomo gli ha proibito di oltrepassare.

Quindi l'uomo abita Mondi che i suoi antenati hanno costruito per lui, partendo dall'ambiente, li conosce e li abita e li cambia ancora, superandoli, perché il suo cervello di Homo sapiens è fatto così, desideroso di travalicare i confini di conoscenza. L'ambiente è quindi Maestro per il bambino, quello scolastico debitamente preparato dall'insegnante, quello famigliare, quello naturale predisposto dalla Natura stessa.

Ma perché l'Ambiente è Maestro? Perché l'Ambiente sia Maestro deve offrirsi al suo Apprendista, il bambino, incondizionatamente.

E come? Tra bambino e Ambiente non ci devono essere segreti né zone d'ombra, tutto deve essere governato da leggi che il bambino in via di sviluppo impara a osservare, comprendere, interiorizzare ed eventualmente superare con il proprio senso critico e morale.

Un bambino affascinato dai fiori di carta che vede in classe ogni giorno e che tanto ravvivano quell'angolo vicino alla finestra deve poter prendere quei fiori, scoprire di che cosa sono fatti e come sono stati costruiti e magari aggiungerne altri fatti da sé; un altro bambino desideroso di scoprire che cosa s'intende con la parola "agrume" deve conoscere da vicino i frutti, i semi, le foglie, il sapore di arance, mandarini, bergamotti, pompelmi, lime…magari assaggiare qualche spremuta. Può voler confrontare le forme dei loro alberi e dove sono coltivati, ma solo dopo aver "toccato con mano" la varietà della Natura e averla ben impressa dentro di sé.

Ogni azione del bambino, volta a conoscere l'ambiente, deve essere soddisfatta fino in fondo, e sempre a partire da un coinvolgimento sensoriale da cui poi dipartono le altre osservazioni, le ipotesi e le astrazioni.

A scuola, l'Ambiente predisposto è Maestro nella misura in cui si offre integralmente al bambino che lo assimila, che lo manipola e che può anche decostruirlo per poi ricomporlo animato dal desiderio di conoscere e crescere.

Come può un ambiente digitale essere Maestro? Un computer o un tablet, i loro schermi, le tastiere, i touchscreen, le sale interattive, quali ambienti possono offrire al bambino? Essi sono NON LUOGHI. Se non c'è luogo, non c'è ambiente, e quindi non c'è sviluppo e nessun mondo da costruire e nessun piano cosmico da realizzare. E fin qui, dove non c'è nulla si può solo passare oltre o decidere di giocare con l'effimero.

Ma l'ambiente digitale non è passivo e può essere in grado di essere non maestro ma despota, perché risponde a regole proprie, quelle del programmatore e della casa di rilascio, che sono solo in minima parte conosciute dagli insegnanti, così come dai bambini. Il bambino alla fine interagisce, ma solo per quella minima porzione, con l'ambiente virtuale, perché esso risponde a leggi in buona parte nascoste a chi lo pratica.

In un ambiente scolastico predisposto il bambino trova i materiali di sviluppo che soddisfano i suoi bisogni di crescita su più piani contemporaneamente: quello sensoriale (tocco con la mano), quello intellettivo e critico (lo costruisco, lo smonto, ripeto l'azione, ci ragiono), quello emotivo (lo metto e mi metto in gioco e in discussione). Una qualsiasi applicazione prevista da un computer non può offrire questa completezza di cui il bambino ha bisogno, stiamo parlando di giovani uomini e donne in formazione, che devono sviluppare armoniosamente tutte le parti di sé.

Anni fa, il Ministero stesso, con l'avvento del Registro elettronico nelle scuole e caldeggiandone l'uso, ha parlato apertamente di "dematerializzazione dei rapporti scuola-famiglia". L'ambiente digitale a scuola dematerializza l'impatto con la realtà proprio dove e quando invece c'è più bisogno di toccare, annusare, sentire, provare, costruire e smontare, criticare; in un ambiente digitalizzato lo studente non può mettere in discussione l'ambiente da cui impara, perché le leggi che regolano quell'ambiente non sono evidenti, ecco così l'assolutismo del despota con il quale non si può che venire a patti.

Perché dovremmo far vivere e crescere dei bambini in un ambiente dematerializzato, quando essi sono Apprendisti di realtà?

Eduverso, metaverso, realtà aumentata: possono offrire qualcosa a un bambino o gli possono togliere delle prerogative sue proprie?

Maria Montessori parla di "periodi sensitivi" in cui

i bambini hanno precise esigenze di sviluppo. In questi periodi il bambino è pronto a imparare, sviluppare, acquisire e consolidare una sua facoltà. Quando questo periodo sensitivo si chiude, per i bambini di oggi, come per quelli di ieri che siamo stati anche noi, un capitolo dello sviluppo e della crescita è chiuso per sempre.

L'ambiente digitale non può rispondere positivamente a nessuno di questi periodi perché non è né un mezzo né un fine. I bambini lavorano su dispositivi digitali apparentemente senza una vera ragione di studio e di crescita. Un dispositivo o un ambiente digitale infatti non possono essere strumenti di sviluppo almeno per due ragioni: non mettono a disposizione di chi li manipola tutte le leggi che li governano e non permettono al bambino di mettere in gioco la sensorialità che invece gli permette di esplorare in libertà il mondo circostante, mondo attraverso il quale egli conosce sé stesso; e l'ambiente digitale non può essere un fine per queste stesse ragioni, a meno che le case produttrici, con la connivenza della Scuola, non vogliano creare fin dall'origine i loro utenti in erba, da coltivare e condizionare come consumatori, non appena saranno abbastanza grandi da poter decidere dove destinare la propria disponibilità economica.

IL MOVIMENTO È MAESTRO

Il Metodo Montessori è universalmente conosciuto per la centralità, nel processo educativo, che hanno il lavoro manuale e il movimento, inteso come espressione corporea libera ma anche organizzata per un fine preciso. È un bene chiarirlo perché molti definiscono ancora il Metodo come "libertario", ignorando che la continua azione spontanea del bambino in una scuola Montessori è guidata in procedure e riti che egli sceglie con naturalezza perché a monte questi sono stati osservati e scelti come adeguati da migliaia di bambini.

Maria Montessori scrive e, così facendo, ferma per sempre nella storia della Pedagogia che: «…il movimento è essenziale alla vita e l'educazione non può concepirsi come moderatrice o, peggio, inibitrice del movimento, ma solo come aiuto a ben spendere le energie e a lasciarle sviluppare normalmente.»

L'adulto che ha dimenticato cosa vuol dire essere bambino ed è anche preso da una quotidianità tutt'altro che facile, può non apprezzare l'argento vivo del bimbo che si muove in continuazione, e può percepire in quel saltare di qua e di là senza apparente costrutto anche una sorta di provocazione. Siamo abituati ai nostri giorni, sempre più di frequente, a vedere genitori esasperati o in altro indaffarati che per far star fermo un bambino, che cosa fanno? Gli mettono in mano uno smartphone o un tablet.

Anche a scuola, la presenza dei tablet e il loro uso sortisce un effetto particolare e uniformante, al punto che i bambini improvvisamente si quietano, ipnotizzati dalle schermate che si avvicendano a un semplice comando del dito. Ecco, finalmente l'adulto riesce a neutralizzare il bambino, il suo slancio vitale e la sua energia!

Siamo certi che la scuola Primaria debba ridurre i bambini a degli ordinati e silenziosi fruitori di uno schermo?

Il movimento sta alla base della conoscenza e dello sviluppo. I sensi sono le nostre finestre, e queste finestre devono essere tenute aperte e spalancate sul Mondo. E perché ciò sia e rimanga un caposaldo dell'Educazione bisogna che sensorialità e sensibilità siano esercitate e soddisfatte nelle proprie esigenze. Anche per la più semplice scoperta o il più spontaneo esperimento scientifico occorrono motricità, memoria, capacità deduttive e ancora motricità, in un ciclo virtuoso alla scoperta della realtà e delle leggi che la regolano. Tutto ciò che esiste ci offre la propria fisicità, non a caso i materiali sensoriali montessoriani vanno proprio a toccare (e a mantenere ai più alti livelli di decodifica) ognuna delle qualità della fisicità, come colore, massa, consistenza, odore, suono, misura: e questa corporeità va indagata e messa in discussione.

D'altra parte è proprio la mano umana, con il pollice contrapposto alle altre dita per agevolare la prensione e ogni tipo di lavoro, inclusi quelli di realizzazione di attrezzi e di costruzione, che ha permesso alla società umana di avviare la corsa che dura tutt'oggi che chiamiamo evoluzione e progresso. La rilevanza della mano è un tutt'uno con il movimento: una mano… ferma, non avrebbe creato nulla. La centralità della mano nello sviluppo dell'uomo è strettamente collegata, o meglio, fusa, con il movimento. La Preistoria e la Storia danno importanza così elevata all'uso della mano da farlo diventare conditio sine qua non dell'evoluzione e del progresso dell'Umanità. Perché un bambino della scuola primaria, nella piena temperie del suo sviluppo psicofisico dovrebbe usare il suo tempo scuola, quello sacro dedicato esclusivamente alla sua crescita (leggi anche: evoluzione e progresso), davanti a uno schermo in cui, se va bene, potrà utilizzare due dita e sforzare la vista?

Progresso ed Evoluzione di cui tanto sentiamo parlare e che vengono usati spesso anche riguardo la didattica digitale: guardiamo queste parole da vicino! Entrambe hanno un'origine latina ed entrambe hanno la radice in un verbo di movimento: e-volvere, svolgere, aprire, si usava principalmente per indicare lo srotolamento di un papiro; pro-gredior, andare avanti, procedere, avanzare. Le due parole che stanno a fondamento della società umana, che la rivelano ma anche, in un certo senso, la giustificano, derivano da verbi di movimento.

Per Maria Montessori, inoltre, il lavoro instancabile, l'esperienza fisica, gli strumenti di studio e tutti i materiali da lei stessa messi a punto, hanno nel bambino funzione emancipatrice. Perché il bambino dovrebbe emanciparsi? È forse uno schiavo, un elemento della società soggetto ad altri? Sì, è proprio così. E il Metodo Montessori permette al bambino di emanciparsi dall'adulto e di rispondere in autonomia e libertà alle proprie intime necessità di crescita, e di affermare sé stesso attraverso il consolidamento dei risultati nel proprio cammino individuale. Qualcuno potrebbe obbiettare: facendo usare i dispositivi digitali a scuola rendiamo il bambino autonomo anche in questo.

Insegnare alla Primaria l'uso corretto dei dispositivi digitali è un falso obbiettivo: i bambini sono più aperti, più intuitivi, più spregiudicati nell'uso delle tecnologie che non qualsiasi adulto per quanto aggiornato.

Essi sono nati con questi dispositivi costantemente sotto gli occhi e quindi sotto la loro osservazione ricettiva e assorbente. Il digitale ci pervade, perché permettergli di invadere anche la Scuola?

La Scuola non deve per forza assomigliare alla Società. Tra Scuola e Società vi è certo un rapporto dove l'una può essere l'espressione dell'altra, un rapporto c'è ma non è di subordine. Più la Scuola è vista come Spazio Sacro, ovvero "separato", dedicato alla formazione degli uomini e delle donne di domani, più per i docenti sarà utile avere strumenti mentali e legislativi per separare gli studenti dai dispositivi digitali, quelli che ormai molti chiamano "protesi", intese come aiuti laddove vi è un handicap.

Il bambino non può perdere neppure un minuto del suo tempo scuola a imparare, da fermo, una cosa che sa già fare, ovvero l'uso di un dispositivo digitale in cui per forza di cose è già versato. Quell'immobilità a scuola lo spoglia via via di porzioni importanti di sviluppo e di conoscenza, perché a quell'età movimento-sviluppo-conoscenza sono una cosa sola e il loro esercizio lo porta ad aumentare e completare la potenza del suo essere.

Ma si fanno un sacco di laboratori digitali, il bambino si muove eccome!

Sì, si sente parlare spesso di "laboratori digitali": questo è un ossimoro.

La parola laboratorio, usata in modo non corretto a scuola anche in altre molteplici occasioni, indica uno spazio, principalmente una stanza, un locale ben delimitato e indicato (porte, cartelli, avvisi e altro) caratterizzato da arredi, attrezzature e materiali che hanno tutti insieme un unico scopo: sperimentare. Nell'accezione originaria di laboratorio lo studente accede allo spazio, trova materiali grezzi e strumenti adatti a interpolarli; nel laboratorio lo studente si muove, sceglie ciò che gli occorre secondo un disegno che ha in mente, osserva, manipola, prova e riprova, scopre cose nuove o trova conferma di quelle che già sa e di cui ora egli è testimone appagato. Mette in campo le sue conoscenze teoriche, le sue abilità pratiche, l'acutezza dei suoi sensi e la raffinata capacità di coordinare le mani con la mente; in un laboratorio di Fisica, di Chimica, di Botanica, di Geologia, di Linguistica il bambino escogita strategie di studio, ma anche di osservazione, di costruzione e di distruzione. Al centro di ogni attività laboratoriale e di conoscenza, ci sono il movimento della mano e di tutto il corpo con le sue finestre sensoriali.

A volte, inoltre, in un vero laboratorio, prima di capire e costruire, sarà necessario rompere, smontare, separare, distruggere. Ai bambini piace molto distruggere, demolire, smontare, disintegrare, ci mettono forza e passione. Nella distruzione c'è sete di conoscenza. Nell'Alchimia, la disciplina che si proponeva di studiare come trasformare metalli grezzi in oro, e che un tempo era la chiamata a raccolta dello scibile di Scienza e Filosofia insieme, erano previste tre fasi del rapporto uomo-materia: l'Opera al nero (la distruzione della materia), l'Opera al bianco (la sua ricostruzione), l'Opera al rosso (il suo consolidamento).

Ogni bambino è Alchimista. Ogni bambino è Alchimista perché grazie al movimento e all'azione trasforma in Oro, ovvero in conoscenza duratura, le cose che ha intorno indipendentemente dal loro valore estrinseco. Il bambino è una persona in grado di trasformare in Oro e per sempre dentro di sé tutte le cose della Vita e della Realtà.

Un dispositivo digitale e un ambiente digitale non potranno mai costituire un laboratorio perché il rapporto uomo-macchina non genera un corpo a corpo con la materia e con l'origine delle cose.

Una macchina digitale è una macchina chiusa, non si può smontare e rimontare, non si possono enumerare i suoi componenti e non si può percepirne l'intimo funzionamento, ed è, per altro, un oggetto piuttosto delicato. Siamo in grado di ripararla o di modificarla e adattarla a un'esigenza?

Per Maria Montessori, e non solo, il movimento

permette al bambino l'uso intensivo e costante dei sensi che sono gli organi di prensione della realtà; ciò che da essi arriva al cervello, nelle sue facoltà di ragionamento, memoria, comparazione ed emozione contribuisce a formare la persona. Non solo, con i sensi il bambino conosce la realtà e più li sviluppa più sarà in grado di apprezzarne le differenze e le costanti e potrà, a un certo punto, non solo osservarla ma anche cambiarla.

Lo studio coi tablet invece richiede l'immobilità, l'abitudine a lavori compiuti in totale assenza di finestre sensoriali, il cui vuoto permette alle facoltà cerebrali di svilupparsi solo in parte, per non parlare delle gravi ripercussioni sul sistema muscolare e osseo, e sulla vista: per tutte queste ragioni ogni studente, piccolo o grande, andrebbe esonerato dall'uso dei dispositivi digitali.

Noi dovremmo guardarci bene dal relegare il bambino in un ruolo passivo, in questo caso rispetto al dispositivo, che non gli compete; e non dovremmo neppure abituarlo al fatto che la Conoscenza ha dei limiti o dei confini perché per un bambino non li ha e non li deve avere.

LETTURA, INSEGNAMENTO, RELAZIONE

Dalle prove Invalsi 2021 è emerso che gli studenti che non usano dispositivi digitali hanno competenze di lettura, proprietà di linguaggio e costruzione della frase molto maggiori rispetto a quelle degli altri. È un dato di estrema rilevanza che non è stato messo in grande rilievo.

È proprio nel «giuoco della lettura» che Maria Montessori scopre che i bambini, instancabili lavoratori del loro sviluppo, preferiscono ai giocattoli la lettura. Nel racconto tratto da *La scoperta del bambino*, viene spiegato come svolgere il gioco che permette, a chi ha imparato a leggere correttamente il nome del giocattolo su un cartellino, di appropriarsene per un tempo indeterminato; la pedagogista spiega come la gioia di poter prendere uno dei giocattoli era soprattutto attesa nei bambini più poveri che certamente non ne avevamo mai visti di così belli:

«Ma quale non fu la mia meraviglia, quando i bambini, avendo imparato a capire i cartellini scritti (predisposti per la lettura), rifiutarono di prendere i giocattoli, e di perder tempo a giocare… e con una specie di insaziabile desiderio preferirono estrarre uno dopo l'altro i cartellini, per leggerli tutti».

La lettura, in particolare la lettura ad alta voce, mette al centro della giornata di lavoro a scuola la Relazione: come palestra emotiva irrinunciabile, e come allenamento e potenziamento del linguaggio in una gara figurata dove segno e significato, sintassi e semantica si passano la palla facendosi via via più complessi e più aderenti al pensiero che viene pensato in modo sempre più raffinato.

Nel gruppo classe, durante la lettura ad alta voce si sviluppano molte, varie ed elevate capacità di studio e formative, perché il pensiero è fatto di Conoscenza e di Emozione.

In molte storie ci sono tracce della narrazione di sé e alcune di esse possono spingere uno studente, ma anche un insegnante, a mettersi in gioco personalmente creando significative situazioni di autocoscienza o di sperimentazione del sé come forza individuale oggettivata, che è diversa dall'io, pulsione autocentrata ed egoriferita. Non solo, ma leggendo o ascoltando una lettura si attiva quel meccanismo psichico di "sospensione dell'incredulità" che permette di immedesimarsi in ciò che viene raccontato, ampliando i confini personali dei pensieri e dei sentimenti e, più in generale, del "possibile". Tutti gli inventori nella Storia umana hanno dovuto superare le barriere del possibile.

Le materie svolte in modalità digitale si servono, per la maggior parte, di contenuti audiovisivi. Anche l'audiovisivo può essere condiviso in aula ma l'effetto è completamente diverso dalla partecipazione alla lettura comunitaria.

Prima di tutto le immagini sullo schermo, sia della lavagna elettronica sia del tablet, prendono per uno studente e in particolare per un bambino, un valore assoluto. Se faccio vedere un documentario sull'Uomo di Neanderthal o un'animazione sui Viaggi di Gulliver, i bambini assorbiranno insieme alle parole anche quelle specifiche immagini e quando verrà loro richiesto di rappresentare quei contenuti con un disegno, rappresenteranno sul foglio tutti le stesse cose con le stesse caratteristiche. L'audiovisivo concretizza e definisce irrevocabilmente contenuti laddove ci sarebbe ancora un amplissimo margine di pensiero, creatività, fantasia.

Lontano dal digitale, la lettura in classe o individuale a casa genera situazioni differenziate e ogni bambino potrà disegnare e pensare a ciò che ha letto o ascoltato secondo le sue capacità immaginifiche. Le immagini offerte nei filmati, compresi quelli didattici, saturano immediatamente la capacità di pensare una cosa "a modo mio".

I libri per ragazzi, soprattutto quelli dedicati all'età della scuola primaria, generalmente offrono testi e immagini. Quindi anche le figure di un libro possono tarpare la fantasia e la potenza immaginativa? Pare di no.

Sfogliare un libro ha sempre a che vedere con bisogni e capacità di interiorizzazione, la lettura personale e l'ascolto prendono le mosse dall'apertura di canali sottili in cui intervengono e collaborano tutte le facoltà superiori della psiche, intrecciandosi.

Il filmato è invece un contenuto di per sé chiuso e completo e questa completezza esaurisce la capacità del fruitore di aggiungere elementi personali; inoltre, coinvolgendo vista e udito abbinati e in contemporanea, i filmati offrono alla fine immagini "impressive", che vanno a imprimersi nel bambino non come semplice ricordo ma come forma mentis.

Mentre la lettura ad alta voce comunitaria permette al bambino di inserirsi in un flusso di immagini che egli elabora secondo le sue conoscenze e le sue capacità introspettive ed espressive; mentre la lettura personale consente di "strapazzare" il testo a piacimento: tornare indietro alle pagine precedenti, mettere una nota a margine, sottolineare parole o frasi; un audiovisivo è sempre "schermato" dalla sua stessa natura, ovvero lo schermo sta in mezzo tra il contenuto e il suo fruitore, a meno di non insegnare già in tenera età alcuni rudimenti di montaggio ed editing[2].

Ed è proprio questo che la Scuola, soprattutto primaria, dovrebbe evitare: farsi veicolo di contenuti definitivi di qualcosa. Il vero scopo è far scaturire domande e non confezionare risposte, soprattutto se sono semplificate e schematizzate come spesso si trovano nei prodotti dedicati a questa fascia d'età.

Un bravo insegnante on line di Lingua Inglese, JoEnglish, consiglia: «Per imparare non guardate i cartoni animati per bambini perché non parlano un linguaggio naturale e i timbri delle voci usate per i doppiaggi sono assolutamente artefatti e fuorvianti».

Possiamo usare questo consiglio applicandolo agli audiovisivi e ai giochi interattivi presenti nelle varie applicazioni nella scuola digitale: meglio imparare su contenuti originali, che non siano ancora stati masticati, rimuginati e rimaneggiati per ottenerne un prodotto digitale che, per sua natura,

---

[2]L'editing creativo è la manipolazione del proprio materiale grezzo (riprese, filmati, girato, spezzoni) per giungere al prodotto finito desiderato come il cortometraggio o il lungometraggio. Su prodotti finiti di altri sono senz'altro possibili interventi ma di portata limitata, con qualche grande eccezione come la scena di *Nuovo cinema Paradiso*, coi baci tagliati dai vecchi film e rimontati in sequenza. Non a caso questo film ha vinto l'Oscar.

deve avere una durata contenuta e una veste accattivante, con voci scherzose e musichette ossessive.

Un bambino che guarda un filmato al posto di consultare un libro rimane colpito, è vero, ammaliato, e magari ricorda il contenuto per un po' di tempo ma poi è destinato a dimenticare tutto: non gli abbiamo dato la possibilità di interiorizzare, ovvero di saldare le sue conoscenze con quelle nuove attraverso un processo di elaborazione che richiede tempo, concentrazione, autoregolazione.

Ma il danno vero e proprio non è in questo dimenticare, poiché i contenuti verranno ripetuti e ampliati nei vari ordini di scuola: la mente dimentica i dati ma non dimentica la "forma" con la quale li ha ricevuti. In altre parole, la mente riceve l'impronta facile dell'audiovisivo e si disabitua a interiorizzare, ad andare oltre. Rendere i bambini incapaci di assumere e valutare un'informazione attraverso la lettura singola o ad alta voce, vuole dire fare di questi uomini e donne di domani degli inetti a leggere un documento o un articolo di giornale o il testo di una legge o di un contratto, di concentrarsi sopra di essi, di capirli, di evidenziarne i punti di forza e di debolezza, in una parola: inabili al senso critico.

Delegare a uno schermo la presentazione di contenuti di qualsiasi disciplina condanna i bambini, ma anche noi adulti, ad essere "piatti" nelle nostre conoscenze, come uno schermo, ingannevolmente 3D, come le più moderne applicazioni digitali e fintamente acculturati. Di queste persone, il cui numero purtroppo è in aumento a tutte le latitudini, sempre più spesso si usa dire che si sono "laureate su Internet", e non è un complimento.

I video e le applicazioni digitali più avanzate sono sempre dotati di sonoro. Maria Montessori più volte e in più occasioni ha scritto del valore del silenzio, dei suoi benefici sul bambino che in questa dimensione ritrova sé stesso e la pace. Anche maestri spirituali e filosofi hanno parlato di «tenere lontano il brusio del mondo». La dimensione digitale è di per sé multimediale, più è avanzata e più questa caratteristica è accentuata: i bambini esposti ad essa subiscono interferenze e disperdono le loro energie psichiche e possono non trovare la loro voce interiore.

La lettura invece avviene nel silenzio interiore, una sorta di raccoglimento. Anche la lettura di classe per voce sola avviene nel silenzio della classe e nella disposizione d'animo degli studenti a "bere" avidamente ciò che stanno ascoltando. Leggere è un viaggio, e viaggiando si sviluppa la curiosità e si apre la mente, viaggiando/leggendo si può beneficiare del viaggio degli altri, ci si allena a uscire da sé stessi e se hai immaginazione puoi andare ovunque, nulla ti è precluso.

Il bambino è un Argonauta: il suo viaggio è ardito e il suo scopo è temerario. Ogni incontro diventa incarnazione che può trasformarsi in passione, talento, genio.

L'audiovisivo rappresenta l'elaborazione conclusiva di un viaggio altrui, mentre il bambino non ha bisogno di qualcuno che viaggi per lui. Nella grande avventura che è "Andare a scuola", il bambino ha invece necessità di "strumenti": carte, bussole, sestanti e sfere armillari e di buoni compagni di viaggio, compagni e insegnanti, persone con le quali è in naturale relazione perché tutti coinvolti nella stessa transvolata cosmica. Tutte queste cose possono arrivare dalla lettura e dalla relazione che la lettura e la messa in gioco di sé fanno scaturire in una classe.

Fin qui si è parlato di fruizione di contenuti, ma vale la pena di precisare quanto, nella produzione di contenuti, una tastiera sia lontana dal favorire lo svolgimento del pensiero, rispetto all'uso della scrittura corsiva. Montessori, e non solo Montessori, avvalora l'uso e l'insegnamento del Corsivo e considera come lo scorrimento dei pensieri, grazie alla mano che scrive in corsivo, permetta di concatenarli e di far uscire allo scoperto riflessioni, istanze personali e conoscenze apprese, perché la linea dei pensieri segue coerentemente la linea ininterrotta che la mano traccia sul foglio.

Non è questa la sede per suffragare l'importanza per una giovane mente dell'uso del Corsivo che la scuola italiana, complice un'idea sbagliata di "inclusività", ha messo in questi anni in posizione secondaria, a volte addirittura di insegnamento facoltativo. Affermiamo qui che, ferma restando l'utilità delle tastiere per bambini con difficoltà motorie, con handicap fisico, non vedenti o ipovedenti, o con deficit mentale, ogni bambino ha diritto, a scuola, di essere portato a conoscere il SUO corsivo come parte costitutiva del suo diritto a conoscere ed esprimere sé stesso.

In conclusione, l'immersione dei bambini in una scuola parzialmente o integralmente digitale fa perdere loro il fondamentale "invito al viaggio" che è lo studio inteso come conoscenza e superamento di sé. La realtà è complessità, intralciare il bambino nella sua esplorazione significa intaccare la sua naturale curiosità.

Ma perché la curiosità è così importante? La curiosità è l'avamposto snello della sete di sapere, un allenamento a uscire da sé stessi, spostare l'attenzione, osservare l'altrui, sia esso luogo, oggetto, essere vivente. Il passo successivo, complice il piacere di scoprire e lo sviluppo armonioso di mano-mente-cuore, è giungere alla conoscenza empatica, la costruzione di adulti consapevoli, ovvero uomini e donne in naturale relazione di responsabilità con tutto ciò che li circonda.

ATTENZIONE, CONCENTRAZIONE, MEMORIA

Nel famoso episodio raccontato da Maria Montessori nel libro *L'Autoeducazione,* una bimba di 3 anni è talmente assorta nel suo lavoro di studentessa da non accorgersi che i suoi compagni e la maestra, Montessori in persona, stanno facendo di tutto intorno a lei per distoglierla da ciò che sta facendo. Non ce la faranno! E questo permetterà alla scienziata di osservare e conoscere sul campo l'intensità dell'attenzione del bambino, ovvero la sua concentrazione quando è assorto in un lavoro che gli permette di svilupparsi e di autoeducarsi; sforzo che non solo non lo stanca ma lo rende soddisfatto e sereno, come quella bimba.

Sull'argomento dell'attenzione, della concentrazione e della memoria come coscienza di sé e di ciò che si sta facendo, non sarebbe neppure il caso di coinvolgere Maria Montessori. Noi adulti sappiamo bene oggi quanto un dispositivo digitale sia in grado di catalizzare la nostra attenzione, risucchiandoci e "scollegandoci" da tutto proprio quando ci mette in collegamento con altri sulle applicazioni Social e quando ci propone filmati e immagini delle cose che più ci piacciono grazie agli algoritmi di sistema che permettono di far conoscere, studiare e assecondare ad altri i nostri gusti.

Se non ne siamo convinti, vediamo!

Immaginiamo di voler fare una pausa dallo studio o dal lavoro, afferriamo lo smartphone che se ne sta quieto vicino a noi. Per rilassarci un attimo, prendiamo Instagram o TikTok. C'è un video, naturalmente, ad attenderci: in esso c'è qualcuno che racconta e fa vedere una ricetta di cucina semplice, sembra però gustosissima, la guardiamo sorridendo. Stiamo trascorrendo davvero un momento piacevole e ce lo meritiamo, visto il lavoro e lo studio che ci attendono. Allora facciamo SCROLL senza pensarci troppo e c'è un'altra ricetta, questa volta è un dessert, fantastica, poi SCROLL ancora, c'è un'altra ricetta, lo chef è simpaticissimo e fa anche ridere raccontando alcune disavventure in cucina, poi SCROLL adesso c'è la pubblicità di un ricettario collegato alle basse calorie, intelligente! SCROLL… sono passati 20 minuti e forse di più, abbiamo ancora il sorriso stampato sulla faccia ma adesso siamo in ritardo e sentiamo che potevamo spendere meglio il nostro tempo. Ci stressiamo.

Quante volte è accaduto? È davvero snervante, perché accade e perché ci caschiamo ogni volta?

Perché quando vediamo filmati o immagini di cose

che ci piacciono il nostro cervello produce Dopamina, un neurotrasmettitore la cui produzione è collegata a circostanze che viviamo e che ci sono gradite. I filmati, i cosiddetti reel (che letteralmente vuol dire bobina, ovvero qualcosa che si può srotolare all'infinito) sono fatti e sono stati sviluppati proprio per accendere in noi questo senso di piacere che proviamo quando li vediamo. Sono brevi, non sono impegnativi, hanno spesso musica coinvolgente, i protagonisti sono simpatici e attraenti e a volte il contenuto proposto ci dà l'impressione di aver imparato qualcosa e di esserci così migliorati. La loro struttura - inizio, elemento problematico, lieto fine - stimola il nostro cervello e, se ripetuti tante volte, questi video creano dipendenza più della cioccolata e più di un pacchetto di patatine. Più ne guardiamo più ne siamo rapiti.

A quale scopo?

I proprietari dei social network bramano che noi passiamo più tempo possibile con le loro applicazioni, perché più ci stiamo più cresce il valore economico dell'applicazione che viene, appunto, monetizzata. Dal nostro tempo trascorso davanti allo schermo possono vendere pubblicità da inserire tra un breve video e un altro, e qui veniamo a un punto fondamentale: frapponendoli, in un momento in cui noi stiamo producendo dopamina, noi finiamo per associare quel prodotto al piacere che stiamo provando. Più passiamo il tempo sulle applicazioni, più facciamo aumentare il conteggio delle visite alle aziende e contribuiamo, direttamente o indirettamente, a costruire il successo di qualche influencer e di prodotti di consumo.

Gli algoritmi, che sottendono a questo, e il cui significato s'impara anche nella scuola primaria, sono istruzioni dettagliate che la macchina riceve per raggiungere un determinato obbiettivo; in questo caso, l'obbiettivo è di scoprire i contenuti che ci attraggono e di ricercare e proporcene altri simili. Sia i sistemi operativi di smartphone e tablet, sia le app social hanno la funzione di "autoplay" dei video che talvolta è già attivata di default, in modo che quando un filmato finisce ce ne sia subito un altro e non dobbiamo neppure muovere un dito, nel vero senso della parola, fanno tutto loro: le app, lo smartphone, le aziende che vendono e quelle che comprano spazi pubblicitari. Facile, no?!

A questo punto voi direte, ma a scuola i bambini non stanno sui Social, perché se ne parla qui?

Intanto è importante sapere che dal rilascio di Dopamina dipendono anche le capacità motorie, la rapidità dei movimenti, il coordinamento e la precisione di essi; adeguate quantità aiutano la memoria di lavoro, la capacità di attenzione e tutte le funzioni cognitive, ed è per questo che i pedagogisti più sensibili, Montessori per prima, ci dicono che senza piacere non ci sono né vero apprendimento, né sviluppo, né conoscenza. Piacere è la parola chiave che ci porta a parlare di concentrazione.

Proseguiamo nell'affermare che anche la fruizione di contenuti (di studio) da tablet o da computer in tenera età può generare dipendenza. E questa dipendenza da batterie tematiche veloci e multimediali è quanto di più lontano dalla manipolazione costruttiva, dalla "concreta astrazione" che sta alla base del pensiero montessoriano e della formazione di qualsiasi bambino.

I bambini amano stare davanti a uno schermo digitale come noi amavamo stare davanti alla televisione. Ma non c'è paragone tra la televisione di ieri, che pure ha avuto un suo ruolo sociale importantissimo negli scorsi decenni, con l'assuefazione da computer di oggi. Possiamo dire che la televisione invadeva spazi esterni a noi stessi, ci faceva coinvolgere dalla telenovela, dallo sceneggiato, dagli show; allora si parlava anche di "lavaggio del cervello" perché stare molto davanti alla televisione poteva condizionarci nelle scelte comportamentali. E i bambini già allora erano a rischio. L'influenza dei dispositivi digitali sulle nostre vite di oggi è più sottile e pericolosa e fa leva direttamente sulle nostre facoltà psichiche, va a toccare all'interno e più in profondità la nostra capacità attentiva, la concentrazione, i tempi e la qualità delle nostre reazioni emotive, intellettive, motorie.

I bambini che lavorano su tablet o su computer o che trascorrono molto tempo sui videogiochi, sono spesso eccessivamente reattivi e non risultano avere buone capacità di concentrazione.

Non avendo concentrazione o avendola in misura molto limitata, vanno via via perdendo le abilità manuali che richiedono tempo, una forte solidarietà tra la motricità, il coordinamento delle mani e la progettualità mentale, tutto questo a favore dell'uso veloce di una tastiera o della fruizione di un contenuto multimediale. Si stancano subito, dimenticano facilmente le consegne e la sequenza di consegne quando c'è necessità di dargliene più di una, perdono memoria a favore di un'insoddisfazione permanente, il piacere del momento sfuma con l'incalzare della noia. Sono bambini che spesso, coscienti di non riuscire davanti a una facile proposta di lavoro manuale, ne hanno quasi paura, si scoraggiano, si perdono e rimangono frustrati; di una frustrazione "annunciata", perché stiamo loro fornendo tutto il necessario per non farcela, e la responsabilità è nostra ma il dispiacere di non riuscire è loro.

«Faccio quindi imparo» che è alla base della pedagogia montessoriana, ma anche di ogni insegnamento consapevole, viene limitato, menomato e depotenziato.

Per non perdere per strada questi bambini, già così segnati dalla tecnologia digitale, bisogna frammentare ulteriormente le consegne, lavorare sui materiali a piccolissimi passi, cercando di tenere un ritmo che per loro ormai è più consono, e che è il ritmo degli input alla macchina, ma non certo il loro battito naturale. E non si tratta solo di ritmi di lavoro, ma anche l'attenzione e la concentrazione, l'essere assorto che Montessori riteneva la cosa più preziosa in un bambino che lavora per il suo sviluppo, sono compromessi.

Ma questa velocità a scapito dell'interiorizzazione, il travaso in contenitori sempre più piccoli dei tempi di lavoro e di attenzione, la fretta contro la calma, la memoria contro la noia, rischiano di alterare per sempre il suo modo di agire e di diventare mali di vivere permanenti?

Da ciò che pensano alcuni giovanissimi, parrebbe che questa tendenza alla velocità, l'essere immemori, il proiettarsi in continuazione in un futuro sempre presente, vengano vissute come pesi. Non dovremmo stupirci. Da oltre vent'anni, infatti, il dettato dei valori sociali risiede in Rete. Nel desiderio di autonomia dalla propria famiglia tipico degli adolescenti, Internet e tutto il suo carrozzone di Social, pubblicità e contenuti ad alta velocità di fruizione, sembrano essere proprio quello che ci vuole. Lontano dalla famiglia e dalle istituzioni che li hanno accompagnati fino a una certa età, i giovanissimi trovano i loro vangeli. Ma, mentre famiglia e istituzioni, pur nei loro limiti, sono sempre ispirate a un Umanesimo di fondo, il mondo digitale è una macchina e per giunta una macchina per fare soldi, i giovani diventano così, nella loro essenza, "Macchine desideranti", come scrissero qualche decennio fa due i filosofi francesi Gilles Deleuze e Félix Guattari nel saggio *L'anti-Edipo. Capitalismo e schizofrenia.*

I "messaggini" e le foto in tempo reale, l'incapacità di attendere, l'oppressione di volere tutto e subito, la sensazione costante che qualcuno arrivi sempre prima di te e che sia migliore di te, perché meglio impaginato in uno schermo rarefatto, la precarietà reale del mondo naturale con la crisi climatica e del lavoro con le sue dinamiche opache o sotterranee, comportano una situazione psichica di tensione permanente. In questo scenario, possiamo non condividere il disagio delle nuove generazioni?

La didattica digitale rapisce l'attenzione con le sue schermate accattivanti, con le proposte realizzate in sequenze veloci e quasi sempre accompagnate da un tappeto sonoro incalzante. E la rapisce nei due sensi: attira verso di sé e porta via.

Per questo la scuola deve essere un luogo in cui ci si fortifica, lo spazio-tempo prezioso dove ognuno ha occasione di autoeducarsi scegliendo come formarsi e seguendo le proprie inclinazioni, aiutato dagli insegnanti: dopo la Vita, la cosa più importante che abbiamo è la Libertà. Libertà di scegliere di essere e di fare ciò che sentiamo sia meglio per noi. Allora ogni bambino è Artefice di sé stesso e come tale impronterà di sé il mondo che lo circonda di consapevolezza, serenità, sicurezza di sé e - perché no? - di magnanimità. L'Educazione cosmica, il vero cammino di un'Umanità in Pace, comincia dal piccolo passo nella propria libertà di scelta.

Com'è possibile non rendersi conto che l'introduzione della tecnologia digitale nella scuola, proprio nell'età in cui il bambino è in pieno ascolto della sua voce interiore, che lo indirizza verso il pieno sviluppo, confonde e ostacola questa voce? Senza la chiamata interiore alla propria crescita, il bambino interrompe il suo itinerario prodigioso, perché cessa interamente o parzialmente il contatto con il suo sé, la fonte primaria che gli indica le sue necessità logico-critiche, di conoscenza e di autocoscienza, secondo le stagioni del suo sviluppo. Zittita questa voce, allora saranno altri a decidere per il bambino, qualcosa andrà a buon fine e qualcosa andrà fatalmente male, creando crepe, fratture, incrinature: un'opera non finita, per sempre.

Vi sono insegnanti che magari per brama di apparire moderni e in linea con le attese di questi tempi, negano il giusto percorso di crescita ai bambini imponendo l'uso dei tablet e della cosiddetta "didattica digitale", l'abbandono anche parziale dei quaderni e della scrittura in corsivo. Risultato? Bambini, sempre in maggior numero, non all'altezza di quelle aspettative "digitali" e di automazione; bambini a cui magari viene anche offerto, in risarcimento, un percorso educativo specifico, quando in realtà non hanno bisogno di nient'altro che tempo, ritmi non decisi da una macchina, e rispetto della loro voce interiore.

È necessario che ogni bambino trovi almeno a scuola lo spazio e il tempo per ascoltarla, la propria voce, per scegliere i materiali di sviluppo adatti al suo momento di crescita, per assorbirsi e concentrarsi e costruire via via il suo mondo psichico. La sua precoce introduzione alle modalità dell'insegnamento digitale, le cui scansioni spazio temporali gli sono completamente innaturali, non glielo consente.

Un'ultima osservazione. Nelle scuole i progetti digitali vengono affidati quasi sempre a grandi aziende, Microsoft, Google… e ai loro addentellati. È cura di questi colossi economici offrire pacchetti didattici preconfezionati, l'insegnante deve solo "spacchettarli" e introdurli nella classe, ricoprendo così il ruolo di "facilitatore". Qualunque potere vuole perpetuare sé stesso. Siamo sicuri che i bambini cresciuti a pane e Google/Microsoft saranno in grado, in futuro, di mettere in discussione il sistema che ha cominciato a plasmarli fin da piccoli?

Così, proprio questa facoltà, l'attenzione, così naturale e importante alla base di ogni sviluppo, apprendimento e crescita, che Maria Montessori ha osservato e studiato e dalla quale ha fatto scaturire la messa a punto dei materiali che portano il suo nome, si trova a essere colpita, frantumata e rimodellata su esigenze economiche e sociali.

Questa pagina è lasciata intenzionalmente in bianco.

AUTONOMIA, INDIPENDENZA, LIBERTÀ

Nulla possono sulla costruzione del bambino la sua voce-guida e l'ambiente preparato da insegnanti diligenti, così come la libertà di movimento e di relazione, se nel bambino stesso non si coltivano la sua autonomia e la sua indipendenza.

Autonomia e indipendenza sembrano concetti intercambiabili, ma non è così: l'autonomia è la facoltà di governarsi secondo il proprio dettato interiore e la propria volontà; l'indipendenza (essere indipendente = essere non-dipendente) riguarda chi non dipende da niente o nessuno; quindi per definire correttamente che cosa s'intende per indipendenza occorre specificare da chi o da cosa si è indipendenti mentre l'autonomia si può esprimere da sola senza correlati.

Per compiere le scelte più adatte al suo sviluppo, lo abbiamo appena visto, il bambino deve sentire nitidamente la sua voce interiore, non deve preoccuparsi di seguire altre voci, come quella che gli dice di compiacere gli adulti intorno a sé: deve percepirsi moralmente libero e indipendente dal loro giudizio. Per fare ciò deve sentire che non ha bisogno dell'adulto e che può farcela da solo. Per

Maria Montessori, è la Natura che offre al bambino l'opportunità di crescere, che gli dà indipendenza e lo guida alla libertà.

«Aiutami a fare da solo», faceva dire Maria Montessori al bambino.

Nell'uso dei dispositivi digitali i bambini di oggi sono del tutto, o quasi del tutto autonomi, generalmente non hanno bisogno dell'adulto e, a volte, sono anche più esperti degli adulti. Non è davvero necessario che venga usato prezioso tempo scuola per "farli impratichire" oppure, come si sente dire spesso, "per insegnar loro a farne buon uso": di impratichirsi non hanno praticamente mai bisogno perché la loro conoscenza dei dispositivi è in generale migliore di quella dei loro insegnanti, e il buon uso non può dipendere da come facciamo adoperare un dispositivo digitale a scuola ma dalla dimestichezza che un bambino ha con alcuni valori fondanti, come il rispetto di sé stesso e degli altri: temi, con tutta evidenza, di un altro ordine di grandezza. In ogni caso la confidenza con il dispositivo digitale, abilità che fa parte del loro essere nativi digitali, può dare ai bambini una finta sensazione di autonomia, di indipendenza e di libertà.

La semplice mancanza di corrente elettrica, l'aver dimenticato l'alimentatore in un altro luogo, un guasto o un malfunzionamento qualsiasi, la poca responsività, anche momentanea, di un'applicazione possono invalidare importanti ore di studio e possono infondere nel giovanissimo fruitore un senso di acquiescente dipendenza e di passiva inabilità («non funziona, non ci posso fare niente!»).

Inoltre, il tablet, strumento usato spesso nelle cosiddette scuole/classi digitali, è essenzialmente uno strumento di consultazione, non di creazione di contenuti. Anche se in tempi recenti le applicazioni destinate alla creazione di contenuti sono aumentate in quantità e qualità, questo assunto resta per il momento innegabilmente vero.

Il tablet è privo di tastiera fisica, può essere anche veloce ma non è un vero multitasking perché, si può fare una sola cosa alla volta, come sullo smartphone; non si possono installare i programmi desiderati ma solo le app scaricabili dal sito del produttore del sistema operativo. I poteri e l'indipendenza dell'utente di un tablet sono fortemente limitati, a meno di non sbloccarli per assumere i privilegi di root (amministratore), cosa che richiede l'installazione di una app specifica, molta bravura, a volte non è possibile, e comunque invalida la garanzia.

La consultazione sul tablet, apparentemente più veloce e *smart*, è invece più lenta e più complicata di quella di un libro: cercare un brano dentro a un testo digitale obbliga (tranne nei rari casi in cui in un ipertesto siano adoperati degli *anchor link*) a scorrerlo tutto per mezzo dello *scroll*, affaticando notevolmente la vista su uno schermo retroilluminato, tanto più che smartphone e tablet non hanno il tasto "pagina avanti", mentre in un libro si va direttamente alla pagina desiderata. Sfogliare un libro o un quaderno è rapido e immediato, aiuta a sviluppare e ad utilizzare la memoria visiva, il colpo d'occhio, l'intuito, a valorizzare l'esperienza sensoriale che il bambino ha fatto e sta facendo con il libro stesso; inoltre sul libro e sul quaderno i rimandi si fanno immediatamente con i cari buoni vecchi segnalibri, in inglese *bookmark*, oggetti che in classe scatenano ingegno e creatività per la loro realizzazione. E non a caso computer e tablet usano l'amichevole parola *bookmark* per farci indicare i link ai nostri siti preferiti.

Se poi il testo è un ipertesto, che consente di raggiungere facilmente argomenti anche lontani attraverso link a pagine web, il loro impiego richiede necessariamente una connessione a internet.

Ma la questione più rilevante è che nella consultazione di un ipertesto l'impiego dei link pregiudica la libertà di scelta di contenuti e di analisi testuale: il bambino li scambia facilmente con le parole chiave, mentre è necessario che egli le rilevi in completa autonomia per non rimanere influenzato o fuorviato dalle scelte dell'editor. In altre parole: il bambino diventa dipendente dal punto di vista altrui, perché scegliere una parola importante dentro a un gruppo di parole significa sapere che cosa significa e coglierne l'importanza. È proprio nella lettura critica, infatti, che il lavoro di comprensione di un testo trova il suo esercizio più alto ed efficace: selezione delle parole chiave, scelta dell'eventuale approfondimento, memorizzazione, ricostruzione personale e finale di un nuovo testo che riassuma ciò che si è letto ricordandolo "con parole proprie". Per questo l'ipertesto dato in pasto ai giovanissimi è alla fine dannoso e i suoi usi reiterati generano dipendenza: i bambini si abituano a una cernita già pronta di parole e approfondiscono, selezionando quel link, ciò che gli viene indirettamente suggerito da altri, che gli sia congeniale o no, che sia coerente con lo studio che stanno facendo o no. Dice ancora Montessori: «Chi è servito invece di essere aiutato, in certo modo è leso nella sua indipendenza».

Altro problema di tablet e smartphone riguardo l'autonomia del fruitore è la scarsa, a volte assente, compatibilità con memorie esterne come dischi e chiavette. Infine, si verifica che i dispositivi di una certa casa costruttrice sono basati su un sistema operativo con la personalizzazione di comandi e icone, ciò rende difficoltoso applicare in automatico i comandi appresi su una macchina ad un'altra e quindi la poca interscambiabilità in classe, dove il confronto tra pari è una delle ragioni della ricerca stessa.

In conclusione, anche se ai bambini piace molto maneggiare dispositivi elettronici, il tablet e lo smartphone rimangono dispositivi di consultazione e per giunta non avanzata, a differenza del computer, e non hanno la completezza dei libri, il cui uso permette una più completa messa in campo di abilità. L'impiego di dispositivi digitali allo scopo di analizzare testi per coglierne i contenuti principali o compiere ricerche, apparentemente rende disponibili molti e vari contenuti, in realtà si tratta di una sorta di emancipazione e autonomia solo di facciata.

TIRIAMO LE FILA!

La didattica digitale nella scuola primaria dovrebbe essere del tutto allontanata o non introdotta affatto. Sono stati spesi o stanno per essere spesi milioni di euro per attrezzare spazi digitali che tra l'altro diventeranno presto obsoleti, così come è stato recentemente per le "vecchie" LIM, che oggi sono ingombrante spazzatura, rispetto alle "nuove" lavagne elettroniche.

Sarebbe utile che l'Italia usasse questo stesso denaro per riparare dignitosamente strutture problematiche, mettere ogni scuola in sicurezza e rifondare in ogni plesso laboratori veri.

Alla fine, con l'espansione digitale indiscriminata sottraiamo ai giovanissimi la realtà, e pretendiamo che la percepiscano e la vivano consapevolmente, li facciamo ragionare alla velocità dei processori e li reclamiamo riflessivi, facciamo loro vedere la bellezza ma non gliela facciamo esperire e li esigiamo educati, facciamo loro toccare solo la plastica di una tastiera e li vogliamo empatici.

Sulla scorta di quanto abbiamo visto nelle pagine precedenti, il bambino immerso in un ambiente maestro, ovvero un luogo dove la sua fame interiore di sviluppo e conoscenza possa liberamente nutrirsi in un contesto predisposto, è Apprendista. Durante il suo apprendistato il bambino è continuamente in movimento, le sue azioni finalizzate: questa è la condizione che gli permette di trasformare nell'Oro della Sapienza anche il più piccolo dei suoi gesti; egli è Alchimista. Nella sua decodifica della realtà, nel suo spaziare in mondi diversi e nella sua caparbietà nel raggiungere con la fantasia e con la razionalità ogni mondo con cui viene in contatto, egli è Argonauta. Nel portare la sua attenzione sulle cose intorno a sé, è in grado di conoscere non solo la realtà che lo circonda ma anche sé stesso e, da questa angolazione, cambiare il mondo e rinnovarsi ogni volta, in questo senso egli è Artefice.

Apprendisti, Alchimisti, Argonauti, Artefici: eppure sono solo bambini e bambine!

In questo scritto si è voluto richiamare l'attenzione sulla grandezza dei bambini, sul ruolo essenziale della scuola per il loro sviluppo armonico e sul forte condizionamento al ribasso che la didattica digitale può avere su menti così brillanti, prensili e assorbenti. Galileo Galilei poté osservare il cielo e trarne avanzate conclusioni scientifiche, avallando anche la rivoluzione copernicana, perché aveva finalmente a disposizione strumenti di osservazioni potenti, realizzati da sé con le lenti sviluppate da altri in Olanda. Oggi più che mai, non dobbiamo confondere il progresso con l'avanzare della tecnologia e non dobbiamo scambiare lo strumento tecnologico con la capacità di ragionamento: una lente rimane un pezzo di vetro se il suo possessore non sa cosa guardare.

Noi sappiamo cosa guardare: il bambino «costruttore dell'Umanità», parole di Maria Montessori. Dobbiamo credere, come adulti prima che come docenti, quanto sia importante non interferire nello sviluppo naturale del bambino e del giovane, offrendogli strumenti e ambienti adeguati al suo essere prima di tutto Umano, non digitale.

Questa pagina è lasciata intenzionalmente in bianco.

UN'AVVERTENZA E NECESSARI RINGRAZIAMENTI

In questo breve lavoro ho citato solo poche delle parole di Maria Montessori, per lasciarne la lettura snella e invogliare tutti a leggerlo, montessoriani e non, insegnanti e genitori. Per la stessa ragione non ho raccolto in questa sede, la fondamentale letteratura medica e scientifica che segnala possibili disturbi della vista, dell'apprendimento e della personalità per bambini esposti per molte ore all'uso di dispositivi digitali. Non volendo mancare in entrambi i casi verso chi volesse approfondire, segnalo alcune delle opere montessoriane *La scoperta del bambino*, *La mente del bambino* e *L'autoeducazione* e per l'argomento salute e dispositivi digitali in tenera età indico alcuni saggi reperibili in rete dell'Unità operativa di Oculistica dell'Ospedale San Carlo di Nancy a Roma, della Fondazione Veronesi, dell'American Academy of Pediatrics e una ricerca pubblicata sulla prestigiosa rivista scientifica *Nature* dal titolo *"Longitudinal touchscreen use across early development is associated with faster exogenous and reduced endogenous attention control"*.

Il 19 maggio 2023, in piena era di distribuzione del

denaro del PNRR - Piano nazionale di resilienza e di ricostruzione - alle scuole italiane, con l'obbligo di utilizzare quei fondi per l'acquisto di arredi e dispositivi digitali, si è tenuto nell'aula magna dell'Università Roma 3 un corso di aggiornamento per docenti e studenti di Scienze della formazione, ma anche per genitori e altre persone potenzialmente interessate, dal titolo *Didattica non digitale. Un'altra scuola è possibile*. Organizzato dall'Associazione nazionale "Per la scuola della Repubblica", ha visto susseguirsi gli interventi della prof.ssa Anna Angelucci, del prof. Luca Malgioglio, della maestra e psicologa Cristina Ansuini, della maestra ed ex dirigente scolastica Renata Puleo, della ricercatrice e matematica Ana Millan Gasca con la pedagogista Francesca Neri Macchiaverna, dell'insegnante Gaia Colosimo e del prof. Cosimo Forleo, che ha anche coordinato l'avvicendarsi dei contributi.

Al termine dei lavori, hanno preso la parola anche alcuni genitori e docenti del Liceo Classico Pilo Albertelli di Roma, e condiviso i loro dubbi e la loro esperienza sull'argomento: questa scuola è la sola in Italia che abbia preferito rinunciare ai cospicui fondi del PNRR, destinati ad acquisti digitali, non intravvedendone nulla di costruttivo per i propri ragazzi.

Le pagine di questo scritto sono nate da un accorato appello lanciato alla fine di quella mattinata di lavori: "Liberiamo (dal digitale) almeno il Nido e la Primaria!".

Da ognuno degli interventi, ricchi e colti, ho tratto spunti interessantissimi che mi hanno permesso di ragionare e unire così la mia esperienza di insegnante alla Primaria, i miei studi umanistici, la mia specializzazione nel Metodo Montessori e la mia esperienza professionale nel mondo dei media e delle nuove tecnologie, alle osservazioni dal vivo che ho fatto sull'introduzione del Digitale a scuola: desidero qui ringraziare ognuno dei relatori che hanno saputo farci spaziare sull'argomento non riducendolo a un "andare contro", ma cogliendo l'occasione di far riprendere fiato e slancio a una scuola che prima di ogni altra cosa è, e deve rimanere, umana. Spero che, se leggeranno questo mio lavoro, riconoscano i semi che quel giorno hanno gettato in ognuno dei presenti e in me.

Grazie all'ingegner Vincenzo Landi per la supervisione tecnica e alle insegnanti montessoriane Vanda Mazzarello e Maria Gabriella Tuccillo per i preziosi suggerimenti.

Genova, Settembre 2023

Note e appunti

Note e appunti